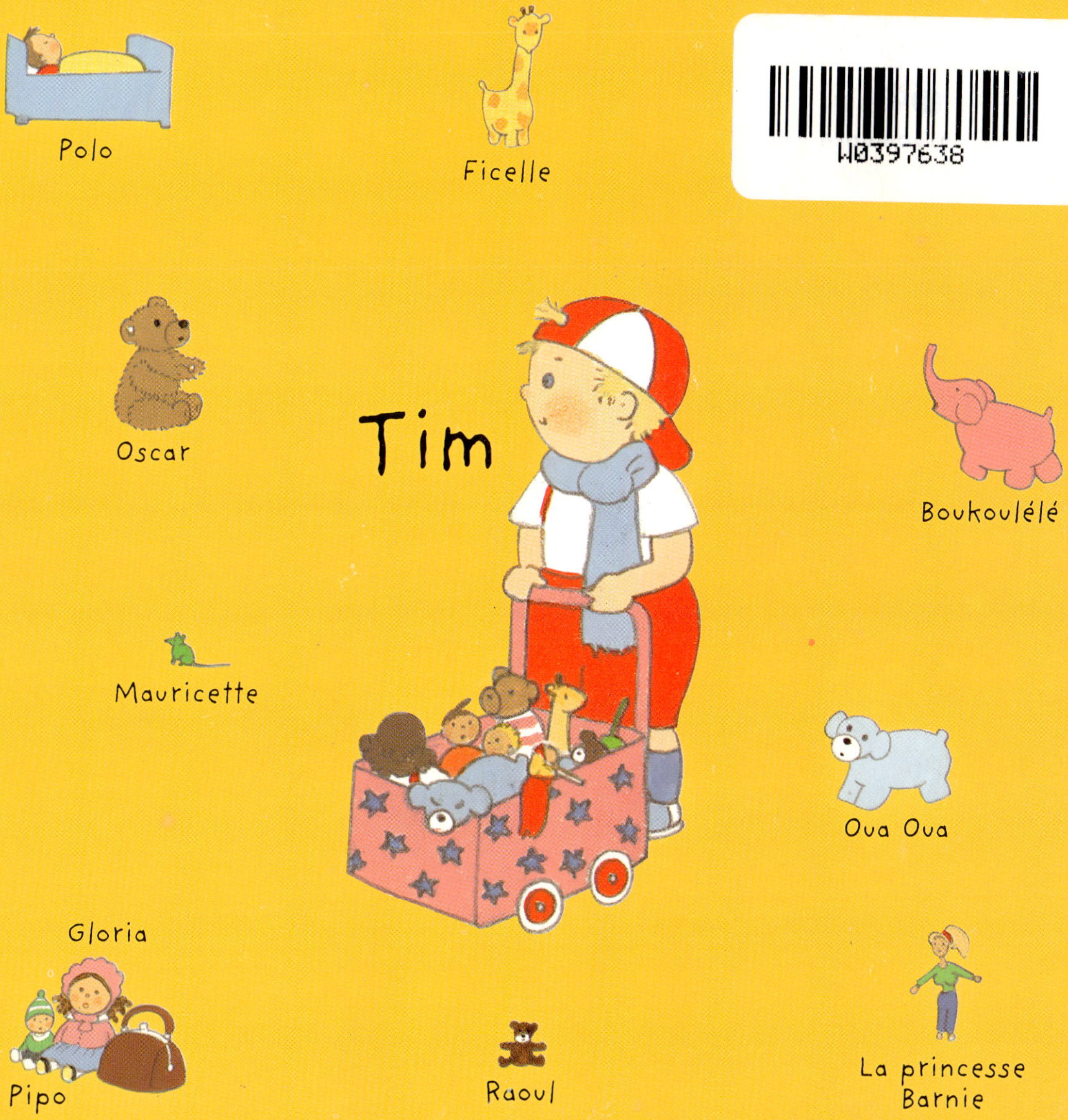
Polo
Ficelle
Tim
Oscar
Boukoulélé
Mauricette
Oua Oua
Gloria
Pipo
Raoul
La princesse
Barnie

Pascale Claude-Lafontaine

la famille Bonbon
chez le docteur

Éditions Lito

Les trois enfants de monsieur Bonbon sont malades.
Ils ont rendez-vous avec le docteur Lili.

Le docteur Lili ouvre sa porte.
– Bonjour, monsieur Bonbon, c'est à vous, entrez donc.

– Eh bien voilà, dit monsieur Bonbon, Ficelle a des boutons, Boukoulélé a le nez qui coule, Oscar a mal au ventre.

– Bon, dit le docteur Lili, je vais examiner Boukoulélé.

– Je vois, je vois, Boukoulélé est très enrhumé.

– Il faut lui mettre des gouttes
dans le nez.

– Maintenant, dit
le docteur Lili, je vais
examiner Oscar.

– Je vois, je vois, Oscar mange
trop de bonbons roses...

– Il faut qu'il mange aussi
des bonbons verts.

– Et maintenant, dit le docteur Lili, je vais examiner Ficelle.

– Je vois, je vois, Ficelle a la varicelle.

– Une cuillère de sirop et un peu de repos.
Je vais vous faire les ordonnances.

– Tiens, le téléphone sonne... C'est mon portable, dit le docteur Lili.

– Mais où est-il ? Où est-il donc ?

C'est Gloria qui l'a trouvé ! Il était posé dans la salle d'attente.

Allô, allô, allô ! Trop tard, on a raccroché !

– Vous êtes gentils, dit le docteur Lili, mais je n'ai pas fini. Allez m'attendre à côté !

Les patients ne sont pas contents.

Mais le docteur Lili
veut être tranquille
pour écrire
les ordonnances.

Les ordonnances

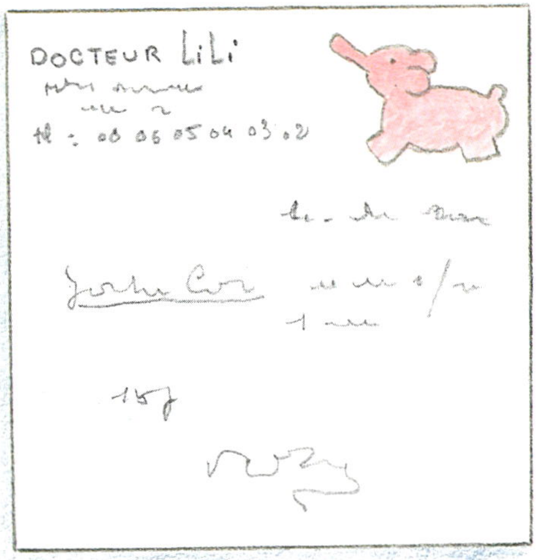

Une ordonnance pour Boukoulélé.

Une ordonnance pour Oscar.

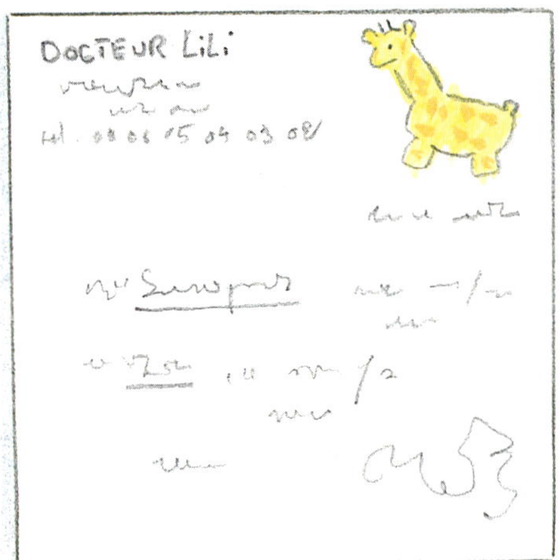

Une ordonnance pour Ficelle.

– Au revoir et merci, dit monsieur Bonbon.
Et il s'en va avec ses trois enfants.

– Au suivant ! dit le docteur Lili.

Calligraphie : Nicole Vilette

Lito
41, rue de Verdun 94500 Champigny-sur-Marne
Imprimé en CEE
Loi n° 49-956 du 16 juillet 1949 sur les publications destinées à la jeunesse
Dépôt légal : janvier 2001

Raoul
Boukoulélé
Moumoute
Polo
Oua Oua
Lili
Pipo
La princesse
Barnie
Gloria
Oscar
Mauricette
Ficelle